西郷隆盛
日本人への警告

この国の未来を憂う

大川隆法
RYUHO OKAWA

本霊言は、2010年2月23日（写真上・下）、幸福の科学総合本部にて、
質問者との対話形式で公開収録された。

まえがき

西郷隆盛の霊と接して感じることは、この人は「憂《うれ》える」人であるということ。そして、この人には嘘《うそ》が通じないということ。吉田松陰とは別のタイプながら、骨太《ほねぶと》の「激誠《げきせい》の人《ひと》」といった印象だ。

本書では初めて西郷自身の言葉として、自分がかつて「神日本磐余彦尊《かむやまといわれひこのみこと》」として日本に生まれたこと、即ち、初代天皇とされる「神武《じんむ》天皇」のモデルであることが明らかにされた。ならば、日本の国の将来を憂慮《ゆうりょ》されるのは、あまりにも当然であろう。

ささやかながら、救国《きゅうこく》の力となるべく、志《こころざし》を固めているところである。

二〇一〇年　四月

幸福《こうふく》の科学《かがく》グループ創始者兼総裁《そうししゃけんそうさい》　大川隆法《おおかわりゅうほう》

西郷隆盛　日本人への警告　目次

第2章　信念を持って、この国を護り抜け

二〇一〇年二月二十三日　西郷隆盛の霊示

第1章

沈みゆく日本を救うために

二〇一〇年二月二十三日　西郷隆盛の霊示

西郷隆盛《さいごうたかもり》（一八二七～一八七七）
薩摩《さつま》出身の、明治維新《いしん》の指導者。

質問者
木村智重《きむらともしげ》（幸福実現党党首）
林雅敏《はやしまさとし》（同幹事長）
松根広子《まつねひろこ》（宗教法人幸福の科学
ヤング・ブッダ局長）
［役職は収録時点のもの］

1　新たな国づくりのための指針

大川隆法　それでは、西郷隆盛さんをお呼びします。

（約十五秒間の沈黙《ちんもく》）

西郷隆盛　西郷です。

木村　私《わたくし》は幸福実現党党首の木村智重《ともしげ》です。本日は、このような機会を賜《たまわ》りまして、心から感謝しております。

西郷隆盛　うん。

木村　今、西郷先生が、天上界《てんじょうかい》から日本の政治というものを見たとき、特に、どのような点を憂《うれ》えておられるのでしょうか。そして、今後、日本の新しい国づくりは、どのようにあるべきでしょうか。まず、この点をお伺《うかが》いしたいと思います。

国家の理念なくして、税金を欲しがるのは本末転倒《てんとう》

西郷隆盛　まあ、腐敗《ふはい》しとるな。おいは、金の話ばかりしとる国会は好かん。自民も金、民主も金、そんな話ばっかり国会でしちょる。ああ、国民は、さぞ、がっかりしとることだろう。こんな国に成り果ててしもうたか。情けない。

まず、世論《せろん》というものが信用できんな。なぜ、こういう人たちを選ぶのか。なぜ、汚職《おしょく》をし、私腹を肥やす輩《やから》が、いまだにこの国を牛耳《ぎゅうじ》っておるのか。そして、なぜ、政権党の党名を替《か》えることで革命と言うのか。納得がいかん。

あんた、どう思っとるんだ。

木村　私も、この政治と金の問題が、民主党政権になっても、依然《いぜん》として、古い自民党体質のままに続いていることに対し、怒《いか》りを覚えております。

今、私としては、「大きな理想、高い志というものが、政治家から失われている」という事態を、非常に残念なことと思っております。

幸福実現党としては、ぜひ、この理想と志を持ち、先ほど大川隆法総裁が講義《こうぎ》されたような［注1］、「信仰心《しんこうしん》を背骨とした、信仰ある国家」というものを実現していきたいと思います。

理想国家日本を目指して、日本の国民の幸福のために私たちは戦います。

同時にまた、未来に向けて、日本という素晴《すば》らしい国家を世界の範《はん》とするに足るものとして提示したいと、心から願っております。

西郷先生は、生前、「敬天愛人《けいてんあいじん》」ということを言われていました。「天を敬い、人を愛する」ということは、これから、私たちが新たな政治活動を展開し、宗教政治家となる上で、把持《はじ》すべき考え方であろうと考えております。

西郷隆盛　うん。

木村　もし、よろしければ、理想の宗教政治家像について、お伺いしたいと思います。

西郷先生から見て、宗教指導者と政治指導者を融合《ゆうごう》した、理想的な宗教政治家とは、どのような姿なのでしょうか。その点について教えていただければと思います。

西郷隆盛　まあ、おまんさあ、国家という言葉を使いなさった。今、国家という言葉を使えぬ人たちが、税金だけは取ろうと一生懸命《いっしょうけんめい》になっている。国家なくして税金などない。国家がないのに税金だけ取ろうと考えておる。いったい何を考えているのか。

国家の理念があって、国家としてやるべきことがあって、国民に税金をお願いするのが筋である。

国家の理念がなく、国家としてやりたいことがなく、生業《なりわい》を立てるためだけに税金が欲《ほ》しいというのは、本末転倒《てんとう》である。国家の姿がないのならば、税金もまたない。それが分からぬのが今の国会議員だ。まことに情けないと言わざるをえない。

また、国家を語れば、それこそ国賊扱《こくぞくあつか》いするのが今のマスコミである。まことに情けないかぎりである。このようなものを保護してはならない。それは国のためにならない。心底、腹を割って話ができないような者を相手にしてはいけない。

今の政治家は、マスコミを通じて偽《いつわ》りの姿を流し、国民を騙《だま》すことにエネルギーを費《つい》やしておる。まあ、そんなことでもって、良き政治ができるとは思えない。

もっと国家や政治や宗教なるものを尊敬する国であらねばならない。そのためには、大胆《だいたん》なる行動も必要であろう。

財政改革の第一は、「国家を語れぬ者が禄《ろく》を食《は》むなかれ」ということに始まる。

国家という理念なく、国家としてやるべきことなく、国家の指導者として人を導く言葉なく、烏合《うごう》の衆と化して税金に貪《むさぼ》りつくとは、何事であるか。

国が赤字であるならば、ただにても働くような人が政治をやるべきである。

そうしたことを捨て置き、自らが選挙活動において勝利することのために金を集め、それを使うことに奔走《ほんそう》している。

理念なき国家、漂流《ひょうりゅう》せる国家である。まこと情けないと言わざるをえない。この国を深く憂えるものである。

この国が奈落《ならく》の底に落ちる姿が見える

木村　私たち幸福実現党は、まだ議席も取っていない小さな存在であります。西郷先生からご覧になられて、この国難を救い、国を改革していくために、私たちが持つべき心構え、精進《しょうじん》の方向性をお教えいただければと思うのですが。

西郷隆盛　いや、この国は、一度、潰《つぶ》れるな。うん。潰れる。

国民の多数が間違《まちが》った考えを持つならば、受けるべき結果は「潰れる」ということだ。

そして、反省せねばなるまい。地の底まで、いったん落ちるだろう。そこから這《は》い上がってこなければならない。あなたがたは、そのための縄梯子《なわばしご》である。

国民が間違い、政治家が間違い、マスコミが間違っているならば、破滅《はめつ》以外にあるべきものはない。奈落《ならく》の底より国家を再生せよ。

あなたがたは努力をするが、残念ながら、今、思っているよりも、もっと悪くなるだろう。国民が愚《おろ》かだからである。この愚かさが自らの身に沁《し》みるまで分からなければ、この国家は再生しない。

われらが国をつくった気概《きがい》を理解せぬ者たちは、もう一度、「国家なるものがなくなったら、どうなるのか」ということを身に沁みて感じ、その危機感のなかで、真剣《しんけん》に考えねばなるまい。

甘《あま》えに甘えているのだ。「国家なるもの、親方日の丸なるものは、永遠に潰れずに続くものだ」と思っている。

しかし、そのようなものは、この世には存在しない。努力に努力を重ねないものに繁栄《はんえい》など来るわけもない。

また、正義の上に打ち立てられない国家は砂上の楼閣《ろうかく》である。

ゆえに、今の時点で私《わたくし》に見えるのは、奈落の底へと落ちる、この国の姿である。

十字架《じゅうじか》に架かる覚悟《かくご》がなければ、この国は救えない

木村　その「奈落の底に沈《しず》む」というのは、どういうことでしょうか。西郷先生は天上界から、主に経済的な不況《ふきょう》が深刻化すると見ておられるのでしょうか。それとも、国防上の問題である、中国の軍事的脅威《きょうい》等によって、日本が属国化していく道を見ておられるのでしょうか。

西郷隆盛　いや、すべてにおいて奈落の底へと向かっている。

あなたがたが憂えている、すべての点において、経済的にもそう、軍事的にもそう、宗教的にも、教育的にも、そうである。

今こそ、救世の偉業《いぎょう》が必要とされるべきときであり、あなたに、十字架《じゅうじか》に架かる覚悟《かくご》がなければ、この国は救えない。

木村　もちろん、私は、この国を救わんとする気概を持っています。「十字架にさえ架かってよい」という、それだけの殉教《じゅんきょう》精神を持って、国に殉じたいと考えております。

しかし、私《わたくし》たち幸福実現党が一縷《いちる》の望みであり、一筋の希望であるならば、「このようなかたちで動け」「このようなところから攻《せ》めていけ」というような、具体的なアドバイスをいただければ、ありがたく思います。

西郷隆盛　政党政治そのものが機能していないのだ。その手続き、過程に、エネルギーをほとんど浪費《ろうひ》しており、本来の仕事にかかれているとは思えない。

国防上には危機がある。それを知っていて、憲法の論議さえできないような国会は、機能していない。「ある」と思っているものは蜃気楼《しんきろう》である。すでに機能はしていない。

永田町に横たわっているのは〝巨象《きょぞう》の死体〟である。そこに政治家などいない。いるのは政治屋であり、利権屋であり、名誉心《めいよしん》の塊《かたまり》である。

木村　ただ、私たち幸福実現党としては、「国民の自己責任の原則により、この国は、いったん奈落の底に沈むまで、再浮上《さいふじょう》することはないだろう」というような見方に対して、何とか、それを防ぎ、この国の真の繁栄・発展のために尽力《じんりょく》したいと考えているわけです。

西郷隆盛　いや、この国は、今のままであれば、かつてのイスラエルのように滅びる。救世主が勝てなければ滅びる。

政治を見世物にしている愚《おろ》かな国民は反省せよ

木村　私たちは、主エル・カンターレと共に戦っていますから、「主が、これまで敗れたことがないように、私たちもまた、幸福の科学グループとして、幸福実現党として、必ずや勝利を得られる」という確信を持っております。

しかし、主と弟子《でし》の力の差があまりにも大きすぎ、さまざまな霊人《れいじん》から、弟子のふがいなさ、弟子の力不足を、一貫《いっかん》して指摘《してき》していただいております。

そこで、私たち弟子が、主のあとに続き、より大きな器《うつわ》、より魅力的《みりょくてき》な人物となり、この日本を動かす指導者として立っていくための、心構えや方向性について、お教えいただきたいと思います。

西郷隆盛　おいは、「この国が悪魔《あくま》に支配されている」と言っているわけではない。ただ、「愚人《ぐじん》に支配されている」と言っているのだ。

「その愚かさの代価を払《はら》わねばならない」ということだ。

今の民主党政権は、去年の夏に、あれだけの支持率を集めて取った政権であろう。ところが、半年もたたぬうちに非難の嵐《あらし》になっている。その非難の内容は、選挙前にすでに分かっていたことばかりである。

それを何と感じる。おかしいと思わぬか。新たに発覚したことでもって、世論《せろん》が騒《さわ》ぎ、内閣の支持率が下がっているなら、当たり前のことであろうが、選挙前から分かっていることに関して、今、世論が騒いで、支持率が下がっている。

この国の国民は政治を「パンとサーカス」だと思っておるのだ。見世物にしておるのだ。闘牛《とうぎゅう》のように思っておるのだ。国民にも反省を迫《せま》らねばなるまい。

国民主権も結構、民主主義も結構。されど、「自分たちが愚かであるならば、その責めは自分たちに戻《もど》ってくるものだ」ということを悟《さと》ってもらわねばならないのだ。

各自に投票権を与《あた》えるところまで、この国を進めるのに、どれだけ先人たちの血が流れたかを知っているのか。どれだけの苦労をしてつくり上げてきたかを知っておるのか。

その尊い権利を、まるで、サーカスでも見るような気持ちで使っているのだ。

そして、それに対して正論を通せるだけの政治的指導者がいない。人々に権利を解放したがゆえに、また、安定的なる指導者も生まれにくくなっている。

今の政治家に求められているのは、大衆迎合《げいごう》であり、パフォーマンスとかいわれるものだ。それを見せられる者だけが人気を維持《いじ》できる。

「まこと愚かな国民である」と言わざるをえない。

大事なことを真剣に協議することもできない。情けない。この国民は反省しなくてはならない。深く反省をしなければならないと私《わたくし》は思う。

また、去年、あなたがたが声を振《ふ》り絞《しぼ》って、この国のあるべき姿を訴《うった》えたにもかかわらず、そして、それは、天上界の神々が出させていた声であったにもかかわらず、その声に耳を傾《かたむ》けなかった者たちについて、われわれは必ず反省を迫るつもりである。

正義が実現しない国は許さない。

国の大権を持つ者は無私でなくてはならない

木村　われわれは、日本が奈落の底に沈まんとする、この国難を回避《かいひ》するために立党しました。その動機においては、極《きわ》めて純粋《じゅんすい》で真摯《しんし》なものがあったと思います。

今、西郷先生は、「この国が奈落の底に沈み、それが、国民に対する反省を促《うなが》すよすがになるだろう」と見ておられるわけですが、実際に地上で戦っている私たちは、奈落の底に沈まんとするこの国を、微力《びりょく》ではあっても、何とか引き上げ、繁栄の未来へつなげていきたいと、強く決意しております。

これから、幸福実現党、そして、幸福の科学グループが全員一丸となって戦ってまいりますので、何とぞ、さまざまなかたちでご支援《しえん》をいただければ幸いに存じます。

西郷隆盛　ああ、残念だが、駄目《だめ》だな。うん。

あなたに今の千倍の力が必要だな。

あなたには、政治家がすごく偉《えら》く見えている。マスコミ人も偉く見えている。経済人も偉く見えている。

そのあなたでもっては勝てない。あなた自身が、もっと肚《はら》ができて、人々を動かせるだけの人物にならなくては、そうした願いは、とうてい叶《かな》わぬことである。

この国は「駄目だ」と言っても、巨象は巨象。その巨象が、今、死体になって倒れようとしている。まさに、その瞬間《しゅんかん》を見ているところだ。

永田町では、もう死体になって倒れているが、この国全体として巨象が倒れていく時期が近づいていると思われる。

その危機が、まだ十分に呑《の》み込《こ》めていない。文明実験をするには、あまりにも大きな権限を与えすぎていると思われる。

自分の利己心のためにやっている者に国の大権を与えては相成《あいな》らん。国の大権を持つ者は無私でなくてはならない。

そうした者たちに十分な反省を迫るつもりである。

地の底より、よみがえれ。

今の時点では、残念ながら、あなたがたは、旧約の預言者のように滅びを予言し、後《のち》の世に国をよみがえらせる力にしかなれないであろう。この世的な力が足りなすぎる。

木村　もちろん、私自身の力不足もあります。しかし、お言葉ではありますが、私たちは、雄々《おお》しく戦い、何らかの光を国民に示したいと考えております。

私たちは、これからも精進を続け、できるかぎり国民の期待に沿えるような、この国を背負う者としての器をつくっていきたいと思います。

私の過去世《かこぜ》は神日本磐余彦尊《かむやまといわれひこのみこと》

西郷隆盛　あなたがたが本気になって頑張《がんば》れば頑張るほど、それを笑っている人たちがたくさんいるのだ、この国ではね。

あなたの耳には届かないかもしれないけれども、あなたがたが真剣になり、熱心にやればやるほど、それを陰《かげ》で笑っている者がたくさんいるのだ。

政治家のなかにもたくさんいるし、マスコミのなかにもたくさんいるし、国民のなかにもたくさんいるし、他《た》の利益団体のなかにもたくさんいる。

そうした国民たちには反省が必要である。あなたがたは、笑われていることが、まだ十分に分かってはいない。

木村　どのようなかたちで笑われているかは分かりませんが、私たち弟子は、大川隆法総裁について、二十年、二十五年と学び続けている者たちです。

私は、今、西郷先生がおっしゃったように、政治家や経済人、マスコミ人が私たちよりも偉いなどとは、少しも思っておりません。

私は、これまで大川隆法総裁に育てられてきた弟子たちが、彼らを遥《はる》かに上回る高い見識や、本当の意味での純粋な情熱と志を持っていると確信しています。

したがって、いくら笑われようが、ばかにされようが、私は彼らを偉いとは見ていないのです。彼らの見方や価値観を必ず転回させるべく、これからも、精いっぱい、この国の新しい姿を提示していきます。

そして、明治維新を起こされたみなさまがたが理想とされた国づくりを、さらに進化させ、宗教立国への道を歩ませていただきます。

西郷隆盛　よいかな。考え違いをしないようにな。

必要なのは「改革」ではないんだ。「国づくり」なんだ。改革なんかでは、もう、どうにもならない。国をつくり直さなければいけない。

わしは、明治維新で幕府を倒して、近代国家をつくったけれども、過去にも日本の国づくりをしたことがある。

まあ、おまえさんがたは、もう国史も習わんであろうから、よくは知らんであろうけれども、神日本磐余彦尊《かむやまといわれひこのみこと》というのが私の過去世《かこぜ》の名だ。

それは初代天皇の神武《じんむ》天皇として祀《まつ》られている。現実には、神武天皇という天皇に即位《そくい》したわけではない。ただ、九州より近畿《きんき》に向けて東征《とうせい》をし、豪《ごう》族《ぞく》を平らげたのは私である。
だから、今、あなたが戦っているのは、そうした豪族たちだと思うがよい。そして、この国を平定せねばならんのだ。そうした豪族が地域別に住んでいるわけではなくて、今、同一空間に他業種として住んでいるのである。それに対して戦わなくてはならない。必要なのは改革ではなく国づくりである。

木村　さまざまなご助言をいただきまして、本当にありがとうございました。今のお教えを心に刻み、精進してまいります。

［注1］　この霊言収録当日の午前中に、幸福の科学総合本部にて、西郷隆盛霊示による『西郷隆盛・幸福維新祈願《きがん》』について講義を行った。

2　無私なる心で戦うためには

林　本日は、まことにありがとうございます。私は、幸福実現党の幹事長をしている林と申します。

先ほどの党首との対話のなかで、「私たちが主張すればするほど、世間から笑われている」とのご指摘《してき》がありました。

西郷隆盛　そのとおり。

林　私も、それを、ある程度は感じております。しかし、現在の政治の最大の問題点は、先ほどのお言葉にもございましたが、欲で動いているところだと思います。「自分にとって有利か不利か」で動いています。

それに対して、私たち幸福実現党の最大の強みは、「無私なる戦いをしている」「日本の将来を考えて主張をしている」ということだと思います。ただ、そこがまだ十分に理解されていないのが現実です。

私たちは、さまざまな機会に政治や選挙について学んでおりますが、プロと呼ばれる方々からは、「政治の理想を語ることと、具体的に選挙で勝つことは違《ちが》う」という指摘も受けています。しかし、それであっては党利党略の政治や選挙につながっていくと考えます。

そこで、こうした無私なる戦いをしようとしている幸福実現党に対して、西郷先生より、ご助言、アドバイスをいただければと思います。

また、今年の参院選に勝つための具体的なご助言、ご指導をいただければ幸いです。よろしくお願いします。

内部の者が信じないのに、外部の者が信じるわけがない

西郷隆盛 （約十五秒間の沈黙《ちんもく》）まあ、無私ではないな。残念だが。まだ欲がある。

林　欲があると……。

西郷隆盛　欲がある。それを感じ取っている。

林　はい。

西郷隆盛　欲がある。あなたがたの団体のなかにも欲がある。まだ、一団体としての拡張欲や名利《めいり》欲、名声欲、金銭欲、さまざまなものが渦巻《うずま》いていて、外部にあるものと呼応し合っている。

そして、あなたがたを冷笑《れいしょう》したい者の気持ちの半分は嫉妬《しっと》である。あなたがたも、半分は彼らと同じ次元に立っているのだ。

それは、あなたがたが、まだ、この世の人間であるからだと私は思うな。本当の意味での「不惜身命《ふしゃくしんみょう》」にはなっていない。「敵は外にある」と言うよりも、まだ中にある。内部が一つにまとまっていない。

この夏の参院選での戦いはあるかもしらんが、「こんな下手な戦いをするようだったら、やめたほうがいい」という声が内部から出てくるだろう。あなたがたには、それを説得するだけの十分な材料がないはずである。

残念ながら、欲はある。無私とは言えない。

林　まだ内部が一体になっていないという……。

西郷隆盛　ない。一体になってない。

だから、あなたがたが、内部の信者、会員から支持を受けていないということだ。

林　しかし、われわれ幸福実現党は、宗教政党として、「宗教と政治は一体である」ということを発信しています。大川隆法総裁からも、「国づくりは信仰心《しんこうしん》から始まる」というお教えもいただいています。

そこで、政治と宗教が本当に一体となるために、これから私たちが取るべき行動の指針をいただければ幸いです。

西郷隆盛　だからね、中にいる者たちも、あなたがたを素人《しろうと》だと思っているのだ。中にいる者たちが、あなたがたを信じていないのだ。あなたがたが政治をするよりは、民主党や自民党や、その他《た》の政党が政治をやるほうが、この国はもう少しましになると思っている。内部の者は、あなたがたが政権を取れば、この国が良くなると思っていない。それで、どうして外部の者を信じさせることができるのか。内部の者が信じていないのだ。

多数決を取れば、「自民党政権を応援《おうえん》したほうがいい」というぐらいの意見が多数だ。あるいは、民主党であっても、政治家のプロが集まっているのだから、あなたがたよりはましだと思っている。それが会員の本音《ほんね》である。中を説得できないで、外は説得できない。

林　ありがとうございます。それが現状であるというふうに……。

西郷隆盛　だから、小沢一郎《おざわいちろう》がどれほどの大悪党《だいあくとう》であったとしてもだ、政治家としての、幹事長としての力量は、幸福実現党の幹事長のあなたより上だと、みんな思っておるのさ。

今よりも良い政治ができると保証できるのか

林　しかし、私たちには信仰心があります。まだまだ私たちの発信は力足らずではありますが、日本の将来を考えた政策も持っているつもりです。

確かに、過去のキャリアで比較《ひかく》されると、私には政治経験はまったくありませんが、「日本の国を良くしていきたい」という志だけは持っているつもりです。

今、全国の四十七都道府県に、こうした強い思いを持った候補者が立っており、比例を含《ふく》めて五十名が今年の参院選で戦う予定です。

西郷隆盛　あなたは、政党の、選挙の責任者だろ。

林　はい。

西郷隆盛　その五十名は、選挙に通るような人だと思っているのか。

林　通る可能性があると……。

西郷隆盛　彼らを選挙に通して、「今いる政治家たちよりも、良い政治ができる」と国民に保証ができるのか。

もし、そう思っていないんだったら、「無私とは言えない」と私は言っているのだ。

それは、あなたがたも私利私欲で動いているということである。あるいは、「教団の宣伝のためにやっている」と見られても、抗弁《こうべん》する余地はない。

林　私たちは、教団の拡張のためにやっているつもりではありません。

今の民主党政権においても、過去の自民党政権においても、政策として発信されているものは、やはり、党利党略を考えたものであり、選挙に勝つための政策であると思われます。

それに対して、大川隆法総裁よりご教示を賜《たまわ》りながら、私たちが真剣《しんけん》に考えている幸福実現党の政策は、日本の将来を考え、その先を見通したものです。

確かに、国民にとって耳が痛いことも言っているかもしれません。しかし、どこかの政党が、自党に有利か不利かではなく、正論を主張する必要があると思います。

まだ政治家としては未熟かもしれませんが、「正論を主張する政治家を志す人が必要だ」と強く感じています。

西郷隆盛　だからね。

林　はい。

西郷隆盛　この世的な政治家としての経験や技術を要求されるならば、あなたがたには、まだ、二十年、三十年という年数を必要とするのだ。

だから、「そういう素人に任せられない」と国民の多数が判断しており、そのもとには、「信者も同じ意見を持っている」という事実があるということだ。

「幸福実現党が本当に政治をやったら、この国がどうなるのか」ということを、もっと分かる言葉で、きちんと説明をせねばならないということかな。

林　確かに、おっしゃるとおり、具体論に関しては、現時点において、まだまだ未熟であると思います。ただ、これについても、早急《さっきゅう》に検討して、詰《つ》めてまいりたいと思います。

信念でもって人を動かせ

西郷隆盛　だから、国民はね、宗教において現世利益《げんせりやく》しか求めていないように、政治においても現世利益しか求めてはおらんのだよ。

そして、「政治における現世利益とは何ぞや」ということは、歴史が証明することであって、現在ただいまにおいては分からないのだよ。

それを押《お》し切るのが政治家の信念なんだ。未来を見る目、未来を信ずる心、断行する意志の力、こうしたものでもって人を動かさねばならない。

今、誰《だれ》も具体的に未来を見ることができない。あなたがたの言葉が本物であるかどうかを感じ取るのみである。

だから、もう、今いる政治家を手本とするのはやめなさい。今ある政党の選挙技術を手本とするのはやめなさい。

あなたがたは、あなたがたのやり方でやりなさい。まねをする必要はない。まねをするかぎり、「彼らのほうが偉《えら》い」という気持ちが抜《ぬ》けないであろう。「このやり方で成功した」というものに、あなたがたは惹《ひ》かれていくのだ。

しかし、それは、日本全体に蔓延《まんえん》している考えであって、「どの学校から合格者が出る」とか、「どの塾《じゅく》から合格者が出る」とか言っているのと同じような考えなんだ。

あなたがたは、こういう考え方に、まだ思考の形態がとらわれているのだ。

政治に必要なことは、未来のビジョンを具体化し、断行する力をきちんとお見せすることだ。

そして、とにかく信頼《しんらい》を得ることが大事だと思う。小手先のことに走れば走るほど、人の心は離《はな》れていくだろう。

侍《さむらい》のように切腹する覚悟《かくご》を持って戦え

林　今の幸福実現党の私たちに、いちばん必要な心構えをお教えいただきまして、本当にありがとうございました。

西郷隆盛　だから、まだ我欲があると言っておる。

林　はい。分かりました。

西郷隆盛　だから、信仰心のレベルでも信じられないでいる。もう一皮も二皮もむけねばならない。ということは、「あなたがたのもとなる信仰も、まだ純粋《じゅんすい》ではない」ということだ。まだ、〝転職の過程〟にあるのだ。
やはり、侍《さむらい》はな、切腹する覚悟《かくご》が必要だよ。その覚悟を持たなければ戦えない。

林　ありがとうございました。今、教えていただきました「侍の精神」を、しっかりと把持《はじ》し、今年の参院選に向けて、宗教と政治が一体となり、一丸となって取り組んでいきたいと、決意を新たにさせていただきました。

西郷隆盛　とにかく、もう人まねはするな。

林　はい。

西郷隆盛　人気取りはするな。

林　はい。

西郷隆盛　ただ、真っ直《す》ぐに、言うべきことを言い、やるべきことをやりなさい。

林　はい。分かりました。ありがとうございました。

3　この国を背負う若者へのメッセージ

松根　本日は、貴重な機会を賜《たまわ》り、心の底より感謝申し上げます。私は、幸福の科学で青年部・学生部を担当しているヤング・ブッダ局の松根広子と申します。

本日、新たな国づくりの指針を賜っていますが、全国の日本の若者たちに対しても、ぜひ、お言葉を賜りたいと思います。

特に、今の若い世代においては、学校教育のなかで、宗教を排除《はいじょ》する考えが蔓延《まんえん》していることにより、ともすれば、信仰《しんこう》を持つ若い人たちが、孤独《こどく》のなかで心を痛め、器《うつわ》が小さくなって萎縮《いしゅく》しているようにも見えます。

そのような若者たちが、「この国を背負う」という気概《きがい》を持つためには、どのようにしたらよいのか、ご教示を賜りたいと思います。よろしくお願いいたします。

若者たちは、卑怯《ひきょう》な態度をやめよ

西郷隆盛　まあ、先ほどから話しておるけれども、「国家を背負って立つ」ということを恥《はじ》と思うような若者であれば、もはや期待するには値《あたい》しない。

また、「世の人々を救う」というような言葉に対し、冷笑《れいしょう》を投げかけるような者は、若者とは言えない。

何のために、この世に生まれてきたのか。何のために生きるのか。

まあ、それを親や学校、企業《きぎょう》、世間の評価に委《ゆだ》ねているのが大多数であろうと思う。

人に決めてもらうことに慣れすぎていて、自らの力でもって人生を切り拓《ひら》こうと思う人の少なさよ。まことにもって、この国の若者は貧弱である。

そういう若者を鍛《きた》えるためには、「国難もまた、やむなし」と考えている。

まもなく、幸福の科学の力及《およ》ばず、国難がやって来るだろう。そこから這《は》い上がるには何十年かの苦しみが必要であろう。

民主主義というものを立てている以上、多数の判断には責任が伴《ともな》う。その多数が、既成《きせい》の価値観に染まって、そこから出ることを断固拒否《きょひ》したならば、残念ではあるけれども、「若者には、厳しい未来が待っている」と言わざるをえないだろう。

松根　しかし、いつの世でも、若者たちが、「厳しい未来が来る」という危機感を真っ先に持ち、同世代の若者たちに、まことの言葉でもって伝えていくことによって、世の中は変わってまいりました。

今、少数ではありますが、幸福の科学の若者たちも目覚めつつあります。この若者たちが同世代の若者たちの力を糾合《きゅうごう》していくために必要なことを、お教えください。

西郷隆盛　まず、卑怯《ひきょう》な態度をやめることだな。卑怯である。若者たちの大多数は卑怯である。

その卑怯さは、この世的に有利な方向を必ず選ぼうとするところに根拠《こんきょ》があると言えよう。必ず、この世的に他《た》の人の評価を受ける方向で判断をしようとする。これをもって卑怯と言う。

自らが、世のため、人のため、国のために尽《つ》くそうと思うなら、そういう考えとは決別せねばなるまい。

だから、「日本の若者は、まだ親離《おやばな》れしておらず、また、世間という名の親からも乳離れしていない」と言わざるをえない。

精神の弱さは、もはや目を覆《おお》いたくなるばかりである。この国の「つくられたる優しさ」が若者の心を蝕《むしば》んでいる。

この国は優しくなりすぎたのだ。だから、若者は、人生の厳しさも、その試練の厳しさも、十分に理解はしていない。

たかだか一時間のテストで何点を取るかということぐらいで人生が決まると思っている。「その愚《おろ》かな人生観を超《こ》えなければ駄目《だめ》だ」ということが、まだ分かってはいないようだ。

もう、右肩上《みぎかたあ》がりの発展はないのだ。

これからは、そういうものではなく、荒々《あらあら》しく道を切り拓いていく者が勝利する時代になってくるであろう。

「わが前に道なし。わがあとに道はできる。そう信ずることができる者こそ、真の若者である」と言えよう。

身と心を大いなるものに捧《ささ》げる決意が大事

松根　今、この国の未来を悲観する若者たちが増えています。そのようななかで、荒々しく未来を拓いていく気概を持ち、自らのうちに炎《ほのお》をともしていくためには、どうすればよいのでしょうか。

西郷隆盛　やはり、先ほどの人への答えと同じだけれども、「敬天愛人《けいてんあいじん》」には、無私の心が必要である。無私の心なくしての「敬天愛人」ということはありえない。

天を敬い、人を愛する。その過程には無私なる自己が必要である。

日本は西洋化したけれども、大切なものを一つ失った。それが無私なる心である。西洋世界のなかには、自我の発展のみを肯定《こうてい》する思想が流れすぎているように思う。

「自ら身を捨てて人を救う人」のことを英雄《えいゆう》と言うが、今の日本では、そうした英雄を育てるような教育がなされていないし、また、常識ともされてはいない。彼らに入ってくる知識の質が悪いのだ。

だから、青年期において、正しい人生論を学ぶ必要があるのだ。

この国の教育も、制度だけではなく、内容から、中身から変えていく必要があるであろう。

松根　魂《たましい》の目覚めを呼び起こすための真なる教育とは、どのようなものでしょうか。

西郷隆盛　まあ、自分の執着《しゅうちゃく》しているものを、一度、点検なさるがよいと思う。

若い者にも執着はたくさんおありだ。執着しているものを、一度、点検なされて、お捨てになることですな。

そして、その身と心を大いなるものに捧《ささ》げようと決意することが大事だな。若者であるにもかかわらず、執着が多すぎるように、私には思えるな。それが、先ほどから言っている、「この世的価値観」というものだ。

まあ、一度、これは壊《こわ》さねばならないだろう。

また、そうした価値観が信仰心を妨《さまた》げており、信仰心を捻《ね》じ曲げている。

だから、神仏を敬わない者ばかりが増えてくる。

苦しい時代が人材を育てる

松根　「今の若い世代のなかには、これからの日本を背負っていく人材がたくさんいる」と、大川隆法総裁からは教えていただいております。そのような若者たちに、西郷先生からの直接のメッセージをいただければ幸いです。

西郷隆盛　人材がいるわけではない。時代が人材をつくるのだ。

だから、私は、今、「この国は、苦しい時代を迎《むか》える」と述べたけれども、その苦しい時代が、また人材を育てるだろう。

順風満帆《じゅんぷうまんぱん》のなかで人材は育たない。国が、国家が、危難のなか、困難のなかにあるときにこそ、英雄・豪傑《ごうけつ》は必ず現れてくる。

だから、苦しい時代は、しばし続くであろうけれども、世を救わんとする人材も、そのなかから現れてくるだろう。

千人、志して、三人、生き残ればよし。それが私の人材論だ。

松根　ありがとうございます。これから、多くの若者たちと共に、「幸福維《い》新《しん》」を実現するために総決起してまいります。

そのためにも、若者たちの行動力を、百倍、千倍、一万倍とするための指針を教えていただきたいと思います。

西郷隆盛　まあ、残念だが、教団の幹部層から変えなければ難しそうだな。若者の能力や才能がまだ見えていないようだから。「雑用程度にしか使えない」と思っているらしいな。

人物論が身に付いていないので、若者のなかに人物がおり、人材がいることが、見抜《みぬ》けないでいるな。

だから、年を取っている者には、自分より年下であっても、「人材である。人物である」という者があれば、喜んでその下に馳《は》せ参じる気持ちが必要であろうと思う。

あなたがたは、あたら多くの人材を育て損《そこ》なっているように、私は思うな。

若者の成長を妨げているものがあるのであれば、それを取り除かねばならない。

松根　しかしながら、上の世代を乗り越《こ》えていってこその若者であると思います。大人たちがどうであろうと、その既成の価値観を破壊し、新しい価値観をこの世の中に生み出していくような、強い強い若者たちを、たくさん輩《はい》出《しゅつ》してまいりたいと思います。

そのような若者を輩出するための、大人たちの心構えについて、一言いただければ幸いです。

西郷隆盛　まあ、この教団の運営をね、お金中心にやるのをやめなさい。若者たちの行動の障害は、ほとんどお金のところだろう。お金がなければ活動ができないようになっている。それが障害なんだろう。違《ちが》うか？　国家と同じ構造になっている。

だから、教団のあり方を少し改めなさい。

大黒天的《だいこくてんてき》な使命を持っている人も、それは必要だよ。そういう人がいないと、宗教は成り立たない。ただ、そういう人は十人に一人でよいのだ。あとの九人は違う。

特に、若者で大黒天というのはありえない。そういう若者に、「大黒天になるまで、あなたがたは待機せよ」と言うのは、若者を見殺しにするのとほぼ同じであると私は思うな。

だから、教団のあり方を改めなさい。改めなければ駄目だ。特に活動推進局を改めなければ駄目だ。若者は力を伸《の》ばすことができない。

男児は英雄《えいゆう》たるべし

松根　最後に、若い世代の男性に対して、お言葉を賜りたいと思います。
今、日本におきましては、先の大戦で敗戦を経験し、軍隊もなくなったために、若い男性が「草食系男子」と呼ばれるような、情けない状況《じょうきょう》になっております。

政治においては、男性の力がさらに大きな力となっていかなければならないと考えていますが、教団全体でも女性の力のほうが非常に強いのが現状です。

そこで、新しい時代をつくっていく若い男性に対するお言葉を、西郷先生からいただきたいと思います。

西郷隆盛　まっこと、まっこと、情けなか。ほんに、草食系の男子と言われて、おめおめと生きておるのが、まっこと情けなか。

女も護《まも》れんか。女に護られて生きておるか。まっこと恥ずかしい。

それもこれも、「戦争を回避《かいひ》することだけが平和であり、正義である」という教育から来ておるんだろうけれども、まあ、教科書のあり方から考え直したほうがよいな。

やはり、今の教科書は英雄《えいゆう》たちの活躍《かつやく》を伝えていない。だから、男が育たない。男児たるもの、すべからく英雄たるべし。まあ、そう思わなければいかんと思うな。

だから、教科書のあり方を変えねばいかんと思う。まっこと、情けない。「国力の低下も、ここに極まれり」ということだ。

まあ、戦争は悪のように言われるけれども、男は、女子供《おんなこども》を死なせないために、護るために戦うのだ。そうして男が出来上がる。

ところが、平和ボケをして、男が男でなくなっているのだ。

そのために、他国から脅《おど》されたり、侵略《しんりゃく》の危機が来たりしても、何ら反応をしない。むしろ、反応する者をあざ笑うような、軟弱《なんじゃく》な国論が出来上がっていると思う。

もっと骨のある男児を育てねばなるまい。

少なくとも、教団のあり方を、もう一度、お考えになったほうがよいのではないか。

松根　ありがとうございました。必ずや、全国の若者が総決起し、エル・カンターレ信仰を地の果てまでも伝えてまいります。

本日は、ご指導まことにありがとうございました。

第2章

信念を持って、この国を護り抜け

二〇一〇年二月二十三日　西郷隆盛の霊示

質問者

黒川白雲《くろかわはくうん》（幸福実現党政調会長）

田中順子《たなかじゅんこ》（同広報本部長）

饗庭直道《あえばじきどう》（同広報本部長代理）

［役職は収録時点のもの］

1　勇気を持って善悪を教えよ

司会　それでは、質問者を交替させていただきます。

次の質問者は、幸福実現党の黒川白雲政調会長、田中順子広報本部長、饗庭直道広報本部長代理の三名です。

それでは前の席にお願いします。

（質問者三名、席を移動する）

黒川　幸福実現党政調会長の黒川白雲と申します。本日は、ご指導まことにありがとうございます。

「今の日本の政治、そして国家の没落《ぼつらく》の根本《こんぽん》には、政治家や国民の私利私欲があり、それを去らねば、本当の意味での政治改革はできない」ということを、深く理解させていただきました。

そして、「それができるのは私たち幸福実現党のみである」ということも、改めて確信することができました。

本日は、先ほど来《らい》、民主主義の弊害《へいがい》、ポピュリズムへの転落ということをご指摘《してき》いただいておりますが、今後、新しい国づくりにおいて、日本の民主主義をどのように変えていけばよいのか、この国の「あるべき姿」について、ご教示いただきたいと思います。

宗教政党の強みは、利害を超《こ》えてものが言えること

西郷隆盛　まあ、この国の民主主義といっても、宗教を見ればよく分かるではないか。十八万もの宗教がひしめいているのであろう。ということは、「何が善で何が悪かも分からない」ということではないのかな?

何が善で何が悪かも分からない人たちが、人気投票的に民主主義を操《あやつ》っているということだな。

であるならば、教師が必要である。人類の教師が必要である。国民の教師が必要である。青年の教師が必要である。

今、善悪を教えることは勇気の要《い》ることだと私は思うが、それを、勇気を持って教えなくてはいけないと思う。

政治家を見ても、潔《いさぎよ》さが足りないし、私心《わたくしごころ》について罪の意識はかけらもない。また、それを責めておるマスコミにおいても、ゲーム感覚でやっていて、本気とはとうてい思えない。

いったい誰《だれ》が「善悪を分ける正義」を提示するのか。

昔は、今のような放送もなければ活字もない時代が長かった。そこにあったのは、いわゆる「荒野《あらの》に呼ばわる者」の存在であろう。その肉声にて善悪を伝えるのが、原始的ではあるが、最初の姿である。

それが大事だと私は思うな。

この国の民主主義は、もう腐《くさ》っておるよ、十分にな。民主主義なんかではない。

ほとんど世論《せろん》操作に乗っかっているだけではないのかな。世論は操作されている。その多数に便乗しているだけではないのかな。

ある意味では、共産主義が共産党の幹部に踊《おど》らされているように、この国の民主主義も、世論操作をしている者たちに踊らされている。

アメリカも同じであろう。ヨーロッパも同じであろう。これが民主主義の最大の害悪の部分だと思うな。だから、世論操作をしている人たちに対して指導する力が必要だと私は思う。

宗教が宗教政党をつくるというのは、一つの考え方としては、「本当に世直しを主体とした活動ができる」ということだ。「利害を超えて、ものが言える」ということが宗教政党の強みであろうと思う。だから、「利害を超えて、正しいと思うことを言い続ける」ということが宗教政党の存在意義だろう。

もし、その「宗教」の部分がなく、ただの「政党」であるならば、職業としての政治を護《まも》ることに、ほぼ専念することになるだろう。それが現在の政治の現状となっている。

悲観的なことも否定的なことも数多く言ったけれども、ただ、あなたがたが、ときおり、自分たちに不利とも見えることを言っていること自体については、世の人々は、うすうす感じてはいると思う。

ただし、まだ、本気さが足りているとは思えない。

未来の設計図を提示せよ

黒川　「エル・カンターレ信仰《しんこう》」を中心とした、新しい世界をつくっていくためには、ご指摘のとおり、私たちには、まだまだ本気さが足りないし、伝道が足りていないと思います。

そこで、現在のような投票型民主主義のなかにあって、民主主義のあり方を変えていくための道のりについて、教えていただければと思います。

西郷隆盛　残念ながら、日本国民には、今のところ、正常な判断力はないように思われる。

ただ、嫌悪《けんお》の心だけは明らかに出ているような感じだな。「好きか、嫌《きら》いか」については判断ができている。ただ、正邪《せいじゃ》の判断はできていない。これが今の日本の民主主義のあり方かと思われる。

また、民主主義の問題として、「未来が見えない」という問題はある。いつも現状しか問題にしない。「それが未来においてどうなるか」ということについての智慧《ちえ》は、いつも足りないと思われる。

だから、あなたがたは、未来の設計図を提示しなければならないし、古い言葉ではあるけれども、政治に乗り出すに当たっては、「大義名分《たいぎめいぶん》」について、考えに考えなくてはならないと思う。

残念ながら、今、権力は崩壊《ほうかい》過程にあると思われる。国会も内閣も裁判所も、権力は崩壊過程にあって、シロアリの大群に食われているような状況《じょうきょう》だな。

そのなかにあって、覚めた目で、この国の未来のあり方を見つめる人が、いなくてはいけないと思う。

黒川　ありがとうございます。今後、われわれが人々を啓蒙《けいもう》していく上での、新しい「錦《にしき》の御旗《みはた》」として、「主エル・カンターレ、救世主の降臨」ということを訴《うった》えてまいりたいと思います。

それに関して、今の天皇制とのかかわりについて、どのように考えておられるかを、お聴《き》かせいただければと思います。

西郷隆盛　それは、『太陽の法』（大川隆法著、幸福の科学出版刊）を読めば、もう答えは出ているであろう。『黄金の法』（同前）を読めば、答えは出ているであろう。愚問《ぐもん》を発するでない。

黒川　分かりました。正々堂々と訴えてまいりたいと思います。

国防・外交の判断軸《じく》がブレている

黒川　次に、国防についてお伺《うかが》いします。

西郷先生は、薩長《さっちょう》同盟、あるいは江戸城《えどじょう》の無血開城など、「戦わずして勝つ」ということを目指しておられたと思いますが、今後の日本の国防、あるいは外交の指針等をいただければ幸いです。

西郷隆盛　当面は中国との覇権《はけん》戦争だと思う。今のままだと、ワンサイドゲームになって、あなたがたは、ただ逃《に》げ回るだけになるだろう。

今の政権は、アメリカとどんどん距離《きょり》が離れて、流氷のように流れつつある。そして、どのようにしてこの国を護るつもりか、まったく考えていないと思われる。

そのうち、中国の国家主席が日本の首相を任命するようになるだろう。あちらに、この人で良いかどうかを伺って、「日本国王に命ず」という承認を得るような時代に、また戻《もど》ってしまうだろう。

そういう国にしないために、われらは近代日本をつくったのだ。

しかし、「争い事が起きなければ、それでよいではないか」というような世論が強く出てくるようであれば、この国は、残念ながら、もう一段の悲惨《ひさん》な目に遭《あ》うことになるであろう。おそらく、中国や朝鮮《ちょうせん》半島の人々から、あざ笑われ、かつてのカルマを刈《か》り取ることを強要されるようになるだろう。
それは、ひとえに、国の政策や判断の間違《まちが》いによって起きる事態である。
今の政権の中心にある判断軸《じく》がブレている。それが駄目《だめ》だな。

黒川　今の政権の中心軸には、国家というもの、あるいは愛国心というものがなくなっているように思います。

この国家、あるいは国民の愛国心ということに関しては、現在、教育において自虐史観《じぎゃくしかん》を教えられ、「草食系男子」という言葉もあるように、侍《さむらい》精神、戦う精神が刈り取られ、欠如《けつじょ》しているように見えます。

そこで、教育界の再生に向けた指針をいただければと思います。

西郷隆盛　間違った考えに染まっている教員たちには、一度、辞《や》めてもらわなければいけないね。一生、養わなければいけない理由は、ないと思う。だから、間違った思想に染まった教員たちには、一度、辞めてもらったほうがいいと思う。

そして、再度、教育をし、そのなかで良くなった人は、また採用してもよいかもしれないけれども、「いったん教員になれば、一生、そのまま続けられる」ということではいけない。

そして、そのもとに、「教員になる前に受けた教育そのものが間違っている」ということがあったならば、その害悪は甚大《じんだい》で、被害《ひがい》は百年を超えるであろう。

だから、間違った考え方を持っている教員には、少なくとも、税金を使う必要はないと思われる。

それでも教育者として能力があると思うなら、私塾《しじゅく》を開いて生徒を集めてみたらよろしい。教育者として能力があれば、生徒は来るはずである。しかし、おそらく来ないだろう。

年功序列的に給料も上がり、地位も上がるようになっているけれども、この教育の腐敗《ふはい》こそ、本当は根幹的な腐敗だと私は思う。

黒川　ありがとうございました。「政治や教育、国防、経済において、敬天《けいてん》愛人《あいじん》の志というものを、もう一度、打ち立てていかなければ、この日本は変わっていかない」と、改めて学ばせていただきました。

ご指導まことにありがとうございました。

2　正義と政治のあるべき姿

田中　幸福実現党の田中順子と申します。本日は、時空を超《こ》えたご指導を賜《たまわ》り、本当にありがとうございます。心より感謝申し上げます。

私がまずお伺《うかが》いしたいのは、来《きた》るべき新しき国における、正義と政《まつりごと》のあるべき姿です。正義と理想は一筋です。しかし、民衆は多種多様です。そのなかにおける「正義と政治のあるべき姿」について、ご教示ください。

正義の心を持った武士《もののふ》が出なくてはならない

西郷隆盛　まあ、時代において主流を占《し》めたるものが、人類の正義を決めてきたのは事実だ。

だから、今、日本が没落《ぼつらく》の過程に入るならば、この国は「邪悪《じゃあく》なるもの」として分類されることになるだろう。

そして、日本を指導している神々、あるいは高級諸霊《しょれい》は数多くいるけれども、われらが霊界も滅《ほろ》びることになる。

かつてのギリシャ霊界が滅び、エジプト霊界が滅び、ローマ霊界が滅びたと同じく、国の衰亡《すいぼう》と、その国を守護・指導する神々の衰亡とは連動する。

ゆえに、今後、われらが日本霊界の神々の、いわゆる高天原《たかまがはら》の存亡は、あなたがたの活動、活躍《かつやく》に、この一戦にかかっている。地上にて、この国が敗れていくようであるならば、神々の世界もなくなっていくであろう。

今、この国を選んでエル・カンターレが下生《げしょう》されるということは、この国に何らかの意義がなくてはならないと私は思う。

エル・カンターレが出ても、この国が、このまま衰退し、没落していくのならば、かつてのユダヤにイエスが出て国が滅びたのと同じになってしまうと思う。

それは、やはり、イエスの時代に、強固な政治的指導者、軍事的指導者が出なかったことが大きかったように思われるな。

今、大事なことは、まあ、「国を護《まも》る」と言ってはいるけれども、それだけではなくて、邪悪な心を持った者が他国を侵略《しんりゃく》しようとしているならば、それと潔《いさぎよ》く対決する心も育てなければいけない。

今の総理のような、軟弱《なんじゃく》な人間でもってしては、まったく正反対の結論が出るであろう。

あのような考え方の人間が日本の総理では、もし諸外国が悪い心でもってこの日本を利用しようと思ったなら、日本はただの〝金庫〟にしか見えないはずだと思われる。

やはり、そこに、一片の正義の心ある武士《もののふ》が出なくてはならないであろう。

そうした人材は、初期においては、民主主義に敗れるのが普通《ふつう》だろうと思う。しかし、危難の時代においては、人々がそれを求め必要とするであろう。そのときに備えて、われらは準備をせねばならないと考えるものである。

他国による属領化は、蛮勇《ばんゆう》を奮ってでも阻止《そし》せねばならない

いろいろな危難はある。「経済的に窮乏《きゅうぼう》する」ということも、もちろんあるだろうが、それには人は耐《た》えることができるであろう。「貧しい生活」といっても、それは、二十年前、三十年前に返るぐらいのことであり、その時代にも人々は生きていた。だから、それには耐えられるだろう。

ただ、他国による属領化、植民地化には我慢《がまん》できないであろうと思われる。これに関しては、何としても、蛮勇《ばんゆう》を奮ってでも阻止《そし》せねばならないと思う。

本年度、日本は中国に国民総生産において抜《ぬ》かれるであろうと言われている。さらに、彼らは勢いを増していき、アメリカの勢力をも駆逐《くちく》しようとしてくるであろう。

「大中華帝国《だいちゅうかていこく》」が、このアジアに広がっていこうとするであろう。それが実現すれば、正義は彼らにあり。日本は、かつてのような朝貢《ちょうこう》外交をしなくてはならないときを迎《むか》えるようになるであろう。

しかし、そうであっては、エル・カンターレ下生の意味は、ほぼないに等しい。むしろ積極果敢《かかん》に思想戦を挑《いど》んでいかねばならないと思う。

「たかが百数十年前に生まれたマルクスとかいう人の邪悪《じゃあく》な唯物論《ゆいぶつろん》が、世界の半分を覆《おお》って、まだ生き延びている」というようなことは、まことに悲しむべきことである。マルクスが「アヘン」と言った宗教こそ、「真実の正義であり、力である」ということを、今、押《お》し広げねばならない。

幸福の科学は、今、努力に努力を重ねているつもりではあろうが、残念ながら、人材の能力を生かし切っているとは言えないと思われる。この考え方を破らなければいけない。人材をして人材たらしめなくてはいけない。

「その国の考えが世界に広がったら、どうなるか」が正義の判断基準

まあ、いろいろな国があって、それぞれの正義を求めているだろうけれども、「その国の正義が世界に広がったら、どうなるか」を見れば、正義の判断基準が分かるということだ。

アメリカ的な正義にも、世界を覆うところまではいかないものがあった。それは何ゆえか。国内においては、多様な価値観、多民族を融和《ゆうわ》させる政策を採っていたけれども、世界レベルにおいては必ずしもそうではないし、特

に、イスラム教徒との対立は、今後も激化する可能性が高いであろう。

これを乗り越えるのは日本の使命であると考える。

そして、中国は、無神論の国家から、ようやく首を出そうとしているようなレベルである。精神世界においては、極《きわ》めて無知な、あるいは幼稚《ようち》なレベルにあるのに、経済だけが大きくなってきた。これは、かつての日本が言われたことと同じ状態であると思う。その精神の未熟さについて、やはり、水が高きから低きに流れるように、この国から、かの国を教導する必要があると思われる。

これは、ひとり、政治の力でもっては十分ではなく、宗教そのものの力を持ってやらねばならんことであろう。その意味で、幸福実現党が一つの車輪として回り始めたときに、政治と宗教が両輪となり、昔の戦車のように突《つっ》き進んでいくようになるであろうと思う。

まあ、金が儲《もう》かってきたことに酔《よ》いしれているのが、今の中国の弱点である。精神性においては、まだかなり未熟なるものがあり、このままの状態で彼らが武力を振《ふ》り回すことがあるならば、未成年者が刃物《はもの》を持って街で暴れているのと変わらないだろうと思われる。

軍事的な戦いを始める前に、まずは精神的な戦いがなくてはならないと思うので、宗教として、この国を教化《きょうけ》すべく努力しなければいけないし、政治の面がそれを補助する力を持たねばならないと思う。

朝鮮《ちょうせん》半島についても、同じことが言える。彼らも、あわよくば「日本に反省を迫《せま》りたい」と思っているのは、ほぼ間違《まちが》いがないだろうと考える。

まあ、そういう考えも成り立つであろうが、日本の神々の積み重ねてきた努力は、そうとうなものであって、われらは、「世界を指導する柱になろう」と、今、懸命《けんめい》に願っているところである。

だから、今、あなたは「正義とは何か」ということを問われたが、「その国を指導する考えが世界に広がったときに、その最終結末がどのようになるか」を見れば、正義とは何であるかが明らかになる。それが広がると困るものであったなら、それは正義とは言えない。

アメリカ文明も世界にかなりの影響《えいきょう》を与《あた》えたとは思うが、あまりにも、破《は》壊性《かいせい》、残忍性《ざんにんせい》が強いように思われるところがある。本当の意味でのキリスト教精神が彼らに宿っているならば、もう少し違ったかたちでの国の発展はありえただろうと思われる。

あの国の基本的な宗教的信条は、エル・カンターレが指導したキリスト教のあり方とは、やや違うのではないだろうか。そのように考えられる。まあ、国力におごっていると思えるところがある。その意味で、彼らにも、今後、ある程度の反省を促《うなが》される事態が来るであろう。

日本を諸外国から尊敬される国に

今、大事なことは、日本が諸外国から尊敬されるような国になることである。それには、まず、精神界に偉人《いじん》が数多く出ることが大事であり、それが他《た》の国の人々の心をも照らすものであってほしい。

軍事的なるものは、必ずしも中心的である必要はないと思う。日本が、アメリカや中国を抜くような軍事大国になることが望ましいとは、私は必ずしも思ってはいない。

ただ、「自国の防衛はきちんとできる体制をつくる」ということが、自国の考え方や思想を相手方に正当に伝えるために必要な態度かと思われるので、そのへんはしっかりしなくてはならないと思う。

少なくとも、毎年、十パーセント以上もの軍事費の増大があるような国に、他の国の軍事的脅威《きょうい》を言う資格はない。これについて反論することもまかならないようでは、この国に十分な言論の自由があるとは思えない。この国の政府は腰《こし》が抜《ぬ》けている。

それが、すべて憲法九条に帰しているのならば、やはり、これを変えるべきであると私は思う。

幕末における教育レベルは極《きわ》めて高かった

田中　ありがとうございます。

西郷先生をはじめとする明治維新《いしん》の志士の方々は、幕府に対して大きな戦いを挑《いど》まれました。いろいろな思いを持った方がいらしたと思いますが、そのなかにあって、「これが正義だ」と確信された、その柱になったものは何だったのでしょうか。

また、当時、全国各地に、その思いに賛同する方々がいらっしゃいました。今のように情報網《じょうほうもう》も交通網も発達していない時代にあって、どのようにして、その志を一つにして、「命を捨てても進んでいこう」という思いになれたのでしょうか。その点について、お教えください。

西郷隆盛　あなたがたが思っている以上に、幕末においては、さまざまな私《し》塾《じゅく》が各藩《かくはん》で流行《はや》っていて、国民の啓蒙《けいもう》レベルは予想外に高かったことが一つだ。

漢学だけではなくて、まあ、蘭学《らんがく》が中心ではあったけれども、洋学も同時にやっていて、国家による教育ではなく、個人による教育のレベルは、思いのほか、極《きわ》めて高かった。

「本当の意味での教師が全国各地にいた」ということ、また、「そうした教師を求め、教えを乞《こ》うために、藩を越えて人々が移動していって学んでいた」ということ、これが事実としてある。

現在から見れば、遙《はる》かに交通の便の悪い時代に、やはり、師を求めて人々は学びを続けていた。これが基礎力《きそりょく》としてあったことは、間違いがないことである。

あと、もう一つは、「彼我《ひが》の戦力比を知った」ということがあると思う。

例えば、薩摩《さつま》であれば、薩英《さつえい》戦争を経験しておるし、長州であれば、列強四カ国と戦い、外国の武力がいかほどであるかを身をもって体験した。

このことによって、薩摩、長州は、「国家レベルで、幕府が外国と戦わねばならないとしたら、どうなるか」ということを、容易に予想することができた。そして、「今の幕府でもっては、とうてい太刀《たち》打《う》ちできない」と考えた。

これに「黒船」が輪をかけたということは、あったとは思う。すなわち、幕府の近代化をしないかぎり、この国を護ることはできない。この国を護れないということは、どういうことかというと、われらが家族や親族、妻も子供も、みな護れないということである。

当時、アフリカの奴隷《どれい》の話ぐらいは、もう、われわれの耳には入っていたので、「同じように、日本人が奴隷として売り飛ばされて、アメリカやヨーロッパの国でこき使われるような時代が来るのは、断固、拒否《きょひ》せねばならぬ」という気持ちがあった。

だから、しばらくは、幕府が改革するかどうかを、われわれも見てはいた。「幕府自身が改革をし、強くなるならば、いわゆる攘夷論《じょういろん》でもよい」と考えていた時期もあった。

しかし、「幕府自身の自主改革は不可能」と見たときに、「幕府を倒《たお》さねばならない」という結論が出て、さらに、「攘夷だけでは、もたない。外国の優《すぐ》れたものも取り入れて、この国を改革しなければならない」ということで、開国派が強くなったのだ。

その十年、二十年の間《あいだ》に、世論《よろん》は二転、三転した。

おそらく今もそうだろうと思う。この十年、二十年の間に、世論は〝攘夷から開国〟に動くかもしれないし、〝佐幕《さばく》から勤皇《きんのう》〟に動くかもしれない。

まあ、いろいろと揺《ゆ》れるであろうし、そのためのぶつかりも多く起きるであろう。

時代を見る目が、やはり大事である。

ただ、一人二役はできないので、今の〝幕府〟を倒して新しい政治をつくるまでが一つの時代の仕事であって、それから先の成長、発展・繁栄《はんえい》は、また次の世代の仕事であろうと思われる。

たとえ〝斬《き》り死に〟しても、正しい言論を広め続けよ

今、必要なのは、正義について正しい信念を持っている人が、骨太《ほねぶと》に言論をし、活動することであると思う。

だから、今、「草食系男子」では困るのだ。

やはり、今の人たちには〝死んで〟もらわねばいかん。この世的な地位や名声や収入、そういうものにこだわってもらっては困るのだ。「社会的には、まったく評価されなくてもよいから、やるべきことをやる」と、〝死骸《しがい》の山〟になってでも道を拓《ひら》くつもりでいかなければ駄目《だめ》だな。

まあ、私の時代よりはあとになるけれども、旅順攻略《りょじゅんこうりゃく》の二〇三高地のようなもので、死骸の山ができるかもしれないが、その〝要塞《ようさい》〟を落とさねばならないと思う。

もうすでに、去年、あなたがたには〝死骸の山〟はできたのかもしれないけれども、三百数十人ではまだ〝死骸〟が足りんのだ。もっともっと〝死骸〟をつくらなければいけない。〝死骸の山〟のなかから、〝要塞〟を打ち破っていく力が出てくる。

だから、あなたがたは、まだまだ〝斬《き》り死に〟していかねばならない。恐《おそ》れてはいけないと思う。まだまだ〝斬り死に〟する人は数多く出てくるだろうから、まあ、お金の問題にすり替《か》えないように気をつけなさい。

斬り死にするのに金は要《い》らん。だから、お金の問題にすり替えないように。物事の本質を、お金の問題にすり替えないで、〝死骸の山〟をつくってでも、ちゃんと〝二〇三高地〟を落としなさい。それが大事です。

今の政治が日本を間違った方向に導いていこうとしているのならば、正しい言論をして、その勢力を広めるべく戦い続けることが大事です。

自民党でよいのなら、民主党が勝ちはしなかったであろう。だから、「自民党のままでも駄目だ」ということだ。なぜ駄目か。それは、自民党に、世の中を現実に変えていく力がなかったからだ。

過去、数十年の惰性《だせい》のなかで、本当は口先だけでしか物事を言っておらず、本質的には変わろうとしていなかったことが、原因としては大きい。

今の政権も同じだろう。大して変わりはない。「看板の掛《か》け替《か》えにしかすぎない」ということを、ようやく国民にも気づかれつつあるところである。

勝海舟《かつかいしゅう》との会談は、命を捨てた「男対男」の力比べだった

田中　ありがとうございました。自らを磨《みが》きつつ、啓蒙に邁進《まいしん》してまいりたいと思います。

最後に、勝海舟《かつかいしゅう》先生とお会いになったときのことを、少しお伺いしたいのですが……。

西郷隆盛　ああ。

田中　あのときは、まったく敵方でしたが、そういう方とお会いになるとき、どんなお気持ちでいらしたのでしょうか。そして、実際にお会いになり、無血開城という結論が導かれたことにつきまして、差し支《つか》えのない範囲《はんい》で結構でございますので、お教えいただければと思います。

西郷隆盛　おいは、もとから命など捨てとる。うん。命など捨てとる者に、怖《こわ》いものはない。江戸《えど》は敵地だ。敵地に乗り込《こ》んでいって、暗殺部隊が控《ひか》えているぐらいのことは、十分、分かっておる。それは、命を捨てた者だけができる仕事であると思う。

勝先生のほうも、「きょう決裂《けつれつ》したならば、江戸中を火の海にする」という覚悟《かくご》でいて、「決裂したら内戦確実」というのは、わしらも知ってはいた。だから、江戸百万の民《たみ》を救うために、われわれは、「男対男」として話しおうた。

勝先生も、実は命知らずだ。あの人も、幕府の要職にありながら、単身、長州に乗り込むぐらいの人であるから、そういう人には計略などは効かない。お互《たが》い、人間対人間で、「大義とは何か」を考えた。「江戸百万の民を救い、この国を一つにし、外国の植民地にしない」ということでは、共に意見は一《いっ》致《ち》していた。

当時、フランスが援助《えんじょ》の申し出をしていたので、幕府がフランスから資金の援助、武器の援助、軍隊の援助を受けていれば、薩長軍と戦い続けることは可能だったし、勝てたかもしれない。

しかし、勝先生は、そういう方法は、あえてとらなかった。「幕府が勝つことよりも、日本が勝ち残り、生き残ることを選んだ」ということだ。負けにもまた先見の明が要る。共に、そのような考えを持っていた。

まあ、あなたは勝先生を敵と言われたけれども、江戸で初めて会ったわけでもなく、その前にも、すでに、そのご見識には啓発されること多く、ご尊敬申し上げていた。

また、勝先生のほうも、「西郷が、『よし。受ける』と言った場合には、官軍はすべてその判断に従う」ということに関して、強い信頼《しんらい》を持っておられた。

これは、命を捨てた「男対男」の会談であり、力量比べであったと思う。敵同士ではあったかもしらぬが、相手を尊敬してやまなかった。共に相手を日本一の人材だと認め合っていたものである。

そういう意味で、私は、幕府を倒したるものの長ではあったけれども、また、西南戦争で敗れたのちに、私の名誉《めいよ》回復のために奔走《ほんそう》されたのも勝先生である。まことに感謝にたえない。偉大な方であったと思う。

正義を実現すべく豪胆《ごうたん》に戦う人材が求められている

願わくは、あなたがた幸福実現党のなかに、「われ、西郷のごとく命惜《お》しまず」と、戦い続ける人が欲《ほ》しい。

また、勝先生のように、「智謀湧《ちぼうわ》くがごとし」でありながら、胆力《たんりょく》があり、先見性もあるような、この国の未来を託《たく》せる人が出てくることを強く願うものである。

危機の時代には、必ず人材は出てくるであろう。

私も、犯罪人として何度も遠島《えんとう》を申し付けられた身である。そんな者でも、時代が人を呼べば、推《お》されて、そうした立場に就《つ》くこともある。

だから、今、あなたがたは〝屍《しかばね》の山〟のなかに立っているかもしれないけれども、時代があなたがたを必要とするだろう。

今、あなたがたの優《すぐ》れているものは、まずは「先見力」だと思う。これは他党よりも優れている。

次に必要なものは「豪胆《ごうたん》な心」だ。豪胆に物事を断行していく力が必要だ。マスコミの多数がどうであるとか、世論《せろん》の多数がどうであるとか、宗教への偏見《へんけん》がどうであるとか、お金があるとかないとか、まあ、こうしたことを言い訳に使わぬほうがよい。

豪胆に、正義を実現すべく戦う人材が、今、必要とされている。

この本気さが、けっこう効くのだ。

信者は多ければ多いほどよいけれども、今ほどの規模があれば、革命は、もう起こせる。十分、起こせる。

先ほど、「内部からの支持を得ていない」と、おいは言ったけども、これだけの教団があって、内部の者が、「幸福実現党の政策を実現して、この国を救い、世界を導こう」と本気で決意したならば、革命は必ず起きる。必ず起きる。

そして、それに呼応する者が外部からも現れてくる。

だから、問題は内側にあると思わなければいけないし、指導的立場にある者の胆力が試《ため》されていると思われる。

まあ、あなたは女性であるので、こういうことを言うのは申し訳なく、失礼かと思うけれども、「幸福実現党の男、だらしなし！」と、一言、申し上げておきたい。

田中　「本気で命を懸《か》ける」ということを教えていただきまして、ありがとうございました。

3 国論を変えるまで、信念を曲げずに戦い抜《ぬ》け

饗庭　幸福実現党の饗庭直道《あえばじきどう》と申します。『西郷隆盛《たかもり》・幸福維新祈願《いしんきがん》』を賜《たまわ》り、また、本日は、長時間にわたる霊示《れいじ》をいただきまして、まことにありがとうございます。

ぜひ詳《くわ》しくお伺《うかが》いしたいことがあります。「このままで行けば、日本の未来は奈落《ならく》の底に沈《しず》む」というお話をいただきましたが、「中国の脅威《きょうい》について、実際に、どんな国難が待ち受けているのか」ということを、われわれ自

身もまだ実感していないのかもしれません。

西郷先生は、かつて旧約の預言者の一人でもあったと教えていただいております［注1］。

西郷隆盛　はい。

饗庭　そこで、「このまま行けば奈落の底に沈む」という、西郷先生の目に映る日本の悲惨《ひさん》な姿を、差し支《つか》えのない範囲《はんい》でお示しください。

若者たちが奮い立ち、また、われわれも、「内部でがたがたやっているときではない」と一つにまとまる大きな契機《けいき》になると思います。先ほどの軍事的な面でも、経済的な面でも、また、国民生活の面でも、教育の面でも結構でございます。ぜひ、具体的に、「こんな未来が来てしまうのだぞ」ということを教えていただければと存じます。

中国が覇権《はけん》を握《にぎ》ると日本はどうなるか
――日本語の廃止《はいし》、教育の偏向《へんこう》、富の収奪《しゅうだつ》、知識人の処刑《しょけい》

西郷隆盛　まず、アメリカとの同盟関係が切れるおそれが、今、出てきているわけだけれども、民主党政権が続けば、決裂《けつれつ》する可能性は高いと思われる。

そのときに、「次の覇権《はけん》をどこが握《にぎ》るか」ということになるが、趨勢《すうせい》から

言えば、今は中国だ。中国が覇権を握る。

その次に覇権を握る可能性があるのはインドである。ただ、インドが覇権を握る可能性が出るまでには、今からまだ四十年以上、時間がかかる。中国が覇権を取るのに、残り時間は十年。その後《ご》、インドが覇権を握るまでの間《あいだ》の三十年間が、中国の支配がアジア地域に及《およ》ぶ可能性がある時期である。

日本が中国に何をやられるかは分かっている。まずは日本語の廃止《はいし》だ。「日本語が廃止されて、中国の一省として吸収される」ということだ。そして、中国語、北京《ペキン》語を公用語とするように言ってくると思われる。

そして、日本の具体的な統治は韓国《かんこく》に任されるようになるだろう。それが、彼らが考えている筋書きだ。

韓国に日本を統治させる。そして、公用語は中国語に替《か》えさせられ、第二外国語は韓国語になって、「日本語を使ったら刑務所《けいむしょ》行き」という時代が、おそらく来るだろう。

さらに、日本から、ありったけの富が収奪《しゅうだつ》されていき、中国辺境部の貧しい地域の開発・復興に充《あ》てられ、また、南北朝鮮《ちょうせん》統合後の処理の費用に使われていくだろう。だから、日本の位置付けは、まあ、今の台湾《たいわん》のようなものになるはずだ。

今、あなたがたが戦わなければ、少なくとも、そういう時代が三十年は続く。

今、大川総裁がインドのほうに伝道をかけておられるけれども、中国の次に覇権を取る可能性があるのはインドなのだ。人口的にも中国を追い抜くし、また、経済的にも追い付いてくる。だから、今、日印関係を強化していくことが非常に大事である。

日本としては、この国を取られたときに、国民には行くところがない。日本語をしゃべる国家もないし、海を渡《わた》っていくところもない。受け入れ先がないんだ。

オーストラリアの人口は二千万人しかない。ここに一億三千万人もの人口を引き取ってはくれない。アジアの諸国のなかでも、日本の一億人以上の人口を受け入れてくれるところはない。

また、日本語が廃止されたときに、同時に起きることは、日本の知識人の大量殺戮《さつりく》である。あなたがたは粛清《しゅくせい》される。少なくとも、あなたレベルの知性を持っている人は粛清される。「殺される」ということだ。そういう、「物事を考える人間」は要《い》らないんだ。だから、中国の指示の下《もと》に動く人間だけおればよいわけだな。

そういうふうに、国語の使用禁止、教育の偏向《へんこう》、歴史観の偏向および洗脳、さらに知識人の処刑《しょけい》、ここまでやらなければ、日本支配は不可能である。

ただ、お金を儲《もう》ける能力だけがあって、政治的、思想的に判断する能力のない人間は残されるだろう。「金儲けの能力だけあって、政治的には、どうでもよい」という人間だね。

そして、今の民主党のなかに、国を売る人間が出てくるはずだ。

だから、「これを放置することはできない」と言っている。

今のままでは、自民党のなかからは、残念ながら、国を救うだけの人材が出てくるのは難しいと思われる。

日本に精神的主柱を立て、根本的に国を変えよ

日本は何かで大きな間違《まちが》いを犯したと思われる。

おそらくは、国民の飽《あ》きっぽい性格もあったのかもしれないが、「戦後の復興期に、経済を発展させると同時に、精神性もまた発展させねばならなかったのだ」と、私は思う。

「神国日本《しんこく》」が敗れたのならば、「経済が発展した六十年の間に、天皇制の国家神道《しんとう》に代わる柱を、日本人の精神的な主柱になる宗教思想を、やはり立てなければいけなかったのだ」と思われる。

今、それに当たるのは幸福の科学である。これが、日本の柱となり、世界の柱となるかどうか、ここにかかっているわけである。

だから、国際伝道も急いでいるわけだ。国際社会において、幸福の科学という教えが広がることによって、「日本という国は、東洋のギリシャであって、決して滅《ほろ》ぼしてはならない国であるのだ」ということを知らせるために、今、国際伝道に力を入れている。

政治的には、悲惨な未来として可能性があるのは、そういうことだ。

私の予想では、解放されるまで三十年はかかるはずだな、負ければね。だから、負けたくなくば、根本的にこの国を変える必要がある。中国を占領《せんりょう》する必要などない。ただ、「台湾が中国に併合《へいごう》されるか、されないか」について、軍事力を比較《ひかく》して、今、アメリカが、「台湾を支援《しえん》するか、支援しないか」を考えているように、日本も、「この国を護《まも》れるかどうか」ということを真剣《しんけん》に考えなければいけない。

少なくとも、アメリカは、アメリカの最新鋭《さいしんえい》の武器を、同盟国である日本に売らない状態にあるわけだ。これは真なる同盟とは言えない。半分、腰《こし》が砕《くだ》け、逃《に》げ腰《ごし》である。半分は中国の機嫌《きげん》を取って、どちらとでもやっていけるように両天秤《りょうてんびん》にかけている状態だな。

中国の経済規模が大きくなって、あちらと取引をするメリットのほうが大きくなれば、この国ぐらい見捨てるのは、わけはないだろう。

今、この国では、アメリカを見捨てる言論が強くなってきていて、鳩山《はとやま》は生意気なことを言っておるようだけれども、アメリカに見捨てられたあと、どうなるかを考えてはいない。

日本人の行くところはないんだ。だから、今、大川隆法総裁がインドを耕しておるのは、万一《まんいつ》のときのために行き場所をつくろうとしているのだ。

さらに、中国から覇権を奪回してもらうためには、インドという国を近代化させて、味方につけておく必要がある。

できれば、ロシアも味方につけるように努力すべきである。北方四島なんかどうでもよいから、とにかくロシアと友好条約を結んで、経済交流、政治交流を活発化させなければいけない。北方の小さな島には漁業資源と観光資源ぐらいしかないのだから、そういうことよりも、ロシアとの友好を進めて、いざというときには味方になってくれるように、ロシアも包み込《こ》まなければ駄目《だめ》だ。

そして、アメリカを逃《に》がさないように、しっかりとつなぎとめなければならない。さらに、オーストラリア、アジアの国々、ヨーロッパなど、どれも、外交は極《きわ》めて重要である。

要するに、日本を占領するのは中国以外にありえない。日本語廃止、歴史教育の偏向、そして洗脳、さらに奴隷化《どれいか》、これをやられる可能性がある。

他《た》の国を見てみなさい。モンゴルを取って、そしてチベットを取って、全部中国にしてしまっているだろう。だから、台湾が取られたら、次は日本に来る。間違いない。

饗庭　ありがとうございます。その場合、国民の生活レベルは、どうなるのでしょうか。

例えば、「今の日本の、中流階級と呼ばれる普通《ふつう》の家庭が、どんなふうに壊《こわ》れて、どんな生活を強《し》いられるような未来が待っているのか」ということについて分かれば……。

西郷隆盛　まあ、現在、中国の一人当たりの国民総生産は日本の十分の一ぐらいだろうが、もう少し上がってくるとは思う。これが十分の二ぐらいまで上がっただけでも、そうとう大きな経済力になってくる。

しかし、「日本人の生活レベルが中国人より高い」ということは許さないだろうな。必ず、それ以下に設定するはずである。

こういうことをするだろう。これが共産主義のいちばんの得意技なんだ。中国人の平均よりは下にされる。だから、中国人よりも贅沢《ぜいたく》をしているものについては、没収《ぼっしゅう》し、破壊してくるだろう。

産業政策を推進しつつ、友好国を数多くつくれ

饗庭　ありがとうございます。

本日のお話は、党首や幹事長だけでなく、幸福実現党に対する厳しいご教示として、受け止めさせていただきました。

ただ、もし、今、西郷先生が、この日本に生まれておられ、この国難の事態に実際に遭遇《そうぐう》しているとしたならば、おそらく、奈落の底に沈もうとしている日本を見捨てることはできず、全力を尽《つ》くされることと思います。

私どもも、何とかこの状況《じょうきょう》を打破し、できれば国難を回避《かいひ》したいと思い、

今、奮闘《ふんとう》しております。

先ほど、「ものまねは、もう要らない」と言われたように、確かに、今の政治家には、手本とすべき人たちはいないと思われます。また、「英雄《えいゆう》が必要である」とのお言葉もいただき、われわれにとって永遠の英雄である西郷先生を、ぜひ手本にさせていただきたいと思います。

最後に、西郷先生なら、今、どのようにこの国難に対処するか、そうした視点も踏《ふ》まえてアドバイスをいただければありがたいと思います。

西郷隆盛　まあ、今の選挙制度と国民の意識から見るかぎりは、「現実に危機が起きるまでは分からない」というのが本当だろう。

その意味において、あなたがたが、いくら声高《こわだか》に言っても、聞く耳はたぶん持たないだろう。

その意味で、先ほど旧約の預言者という話も出たが、一時期、私は、不幸の預言者のように思われるかもしれない。

しかし、そうした没落《ぼつらく》の兆候が次々と出てくるまで、国民には危機意識がなかなか湧《わ》いてこないだろうと思う。

だから、あなたがたは、「民主主義は、あとからついてくるものだ」と思って、未来の設計図をとにかく出していかなければいけない。繰《く》り返し繰り返し、未来の設計図を数多く出して、「こういう国に切り替えていかなければいけない」ということを訴《うった》えていくべきであると思う。

軍事的脅威だけを言うと、すぐに「ただの右翼《うよく》だ」というふうに理解されがちであるので、もう一段の経済成長戦略を打ち出して、産業を育てるなかでやっていくのが、おそらくは賢《かしこ》いやり方であろうと思う。

航空機、船舶《せんぱく》、ロボット等、科学技術のもう一段の推進だね。国家的事業として、そういうものを推進し、万一《まんいつ》に備えることが大事である。

迎撃《げいげき》ミサイル等も国産のものを開発し、戦闘機あるいは防衛機等も国産のものを考える必要があると思う。

それと、現政府は、「地球温暖化の対策として、二酸化炭素を削減《さくげん》する」とか言っておるが、これは、地球には優《やさ》しいけれども、日本人には優しくはないな。あのとおりやったら、この国の経済はガタガタになるだろう。他《た》の国は、そのとおり削減しないが、こちらだけがやって、その結果、日本の経済はガタガタになるだろうと思う。

だから、今、必要なのは、「賃金が高い」ということで国内産業が空洞化《くうどうか》しないように、この国において必要な事業が続けられるような産業政策を、きちんと立てること。また、外交が非常に重要であるので、外交の要《かなめ》を固めなければいけないということ。それから、国際伝道を通じて、海外の友好国、海外の友人を数多くつくるように努力することである。

また、本丸である中国自体に対しても、伝道攻勢《こうせい》をかけなければいけない。「日本にエル・カンターレが下生《げしょう》せり」と信じる人を中国に増やすということは、非常に大きな力になる。これ自体が抑止力《よくしりょく》になるはずである。日本に核《かく》兵器の照準を合わせられないようにしなくてはならない。「そのようなことは、とても許されない」というようにしなくてはならないと思う。

選挙で三回ぐらい〝死骸《しがい》の山〟を築《きず》きなさい

要するに、「それだけの使命感を受け止めることができるかどうか」ということだな。絵空事《えそらごと》だと思っておるなら、それまでのことで、大したことは起きないだろう。

また、あなたがたが、落選しても落選しても訴え続けていくようなら、国論はじわじわと変わってくると思われる。

マスコミも、信念があってやっているわけではなく、そのときどきの時流に合わせて意見を言っているので、あなたがたが、繰り返し繰り返し言って、三回ぐらい〝討ち死に〟すると、もう、さすがに信用してくるようにはなると思う。

三回ぐらい〝討ち死に〟してでも、信念を曲げずに戦っていく姿を見せたら、いかに後れたる日本のマスコミであっても、「これは本気だ」ということは、さすがに分かってくる。

だから、参院選、さらに次の衆院選もあるけれども、三回ぐらい〝死骸《しがい》の山〟をつくりなさい。

それでも、意見を曲げずに、「この国にとって必要である」ということを言い続けたら、あなたがたは、信じられるようになるだろうと思う。

そのときに、〝大将〟が、揺《ゆ》れないで、しっかり、どっしりと構えていることが大事だろうと思う。

だから、三回ぐらい〝死骸の山〟を築《きず》きなさい。

そうすれば、マスコミも国民も、感じるところがあると思う。「これは本気であり、教団の宣伝のためだけにやっているのではない」ということが分かってくる。落選して宣伝になるはずなんかないわけだから、そのためにやっているのではないということが分かってくる。

日本防衛の鍵《かぎ》とは何か

それと、国際伝道をきっちりやることだ。「仏陀再誕《ぶっださいたん》」の映画もつくったのだから、もっともっと国際的に知られることが大事だ。「東洋のギリシャ」として尊敬される国に脱皮《だっぴ》しなくてはいけない。それが、いちばんの防衛である。

具体的な軍事力としては、「台湾が中国に侵攻《しんこう》されないためには、どの程度の軍事力が要《い》るのか」ということと同じように、とにかく、「日本が侵攻されないためには、どの程度の軍事力が要るのか」というところから考えればよい。

幸い、日本は海に囲まれているので、陸軍の兵力としては、それほど大きな困難はないと思われる。

日本を占領するには、それだけの海軍力が必要であるし、空軍力も必要であるので、逆に、「日本を防衛するには、どの程度の軍事力があればよいか」ということは、計算しておれば分かるはずだ。

アメリカが最新鋭の武器を日本に譲《ゆず》ってくれなくなった以上、やはり、日本は独自で開発に励《はげ》むべきである。できるはずだ。アメリカに遠慮《えんりょ》して、やっていないだけだから、これはやるべきである。

武器の量ではなく、武器の性能でもって十分に防衛できることを示せば、侵略されずに済むようになるし、これは敵の問題ではなくて、自分たち自身の問題としてできるはずだ。これをやらねばならない。

いろいろな業界に根を張り、力強く勢力を伸《の》ばしていけ

それと、国民を甘《あま》やかすのは、もう、このへんでやめなければ駄目である。甘やかしすぎている。目の前にある危機に気がつかずにいるのに、甘やかしている。これでは駄目だ。

各自がもっと自助努力の精神を発揮し、もっと精魂込《せいこんこ》めて働いて、納税できるような体質をつくる。そして、「納税を受けるに足る国家たるべし」と

いうことで、それだけの理想を持った国家に変えていかねばならないと思う。

そういう意味で、教員や公務員として不適格な人にも、やはり、辞《や》めるべきは辞めていただくのが大事だと思われる。

マスコミ自体は、ここ二、三年で、かなり淘汰《とうた》されるはずなので、力的《ちからてき》には弱ってくるとは思う。

ただ、あなたがたにも、いろいろな業界に根を張るような力は必要だな。浮《う》き草《くさ》のようであっては駄目で、裏では根を張って、いろいろなところに力強く勢力を伸ばしていく必要がある。

先ほど薩英《さつえい》戦争の話もしたけれども、薩摩も長州も、「外国との取引によって、どれほどの利益が得られるか」ということを、いち早く知っていた。

特に薩摩は琉球《りゅうきゅう》を通して密貿易をやっていたので、そうした外国の資本がすでに入っていて、かなり内部蓄積《ちくせき》があったことが、大きな力にはなったと思う。

だから、幸福の科学系の企業《きぎょう》を、この不況期に大いに発展させて、教団を支える力として育てることも大事であると考える。

まあ、あなたがたは、三回は〝死骸の山〟を築《きず》く覚悟《かくご》でやりなさい。それで壊れるようであってはいかんと思う。そのへんで国論は変わる。

饗庭　ご指導、ありがとうございました。

［注1］　西郷隆盛は、過去世《かこぜ》において、旧約の預言者の一人である第二イザヤとして生まれている。『真理の発見』（大川隆法著、幸福の科学出版刊）第6章参照。

あとがき

西郷さんは、国防の強化の大切さを訴えられた。そして未然に危機を防ぐことができねば、この国がどうなるかを明示された。

右翼《うよく》だ、左翼《さよく》だ、などと議論している場合ではないのだ。国難を打破しなければ、日本民族もまた、チベットのように国を失うのだ。

幼稚《ようち》な議論はやめて、大人の国家としてやるべきことを粛々《しゅくしゅく》と進めていくことが大事だ。

二〇一〇年　四月

幸福《こうふく》の科学《かがく》グループ創始者兼総裁《そうししゃけんそうさい》　大川隆法《おおかわりゅうほう》

西郷隆盛《さいごうたかもり》 日本人《にほんじん》への警告《けいこく》——この国の未来を憂う——

2010年4月27日　初版第1刷

著　者　　大《おお》川《かわ》隆《りゅう》法《ほう》

発行所　　幸福の科学出版株式会社

〒142-0041 東京都品川区戸越1丁目6番7号

TEL(03)6384-3777

http://www.irhpress.co.jp/

印刷・製本　株式会社 堀内印刷所

落丁・乱丁本はおとりかえいたします

ISBN978-4-86395-035-1 C0030

Photo: ©Thomas-Fotolia.com

大川隆法ベストセラーズ・霊言シリーズ

一喝！ 吉田松陰の霊言

21世紀の志士たちへ

明治維新の原動力となった情熱、気迫、激誠の姿がここに！ 指導者の心構えを説くとともに、日本を沈めようとする現政権を一喝する。

1,200円

龍馬降臨

幸福実現党・応援団長 龍馬が語る「日本再生ビジョン」

坂本龍馬の180分ロングインタビュー（霊言）を公開で緊急収録！ 国難を救い、日本を再生させるための戦略を熱く語る。

1,300円

松下幸之助 日本を叱る

天上界からの緊急メッセージ

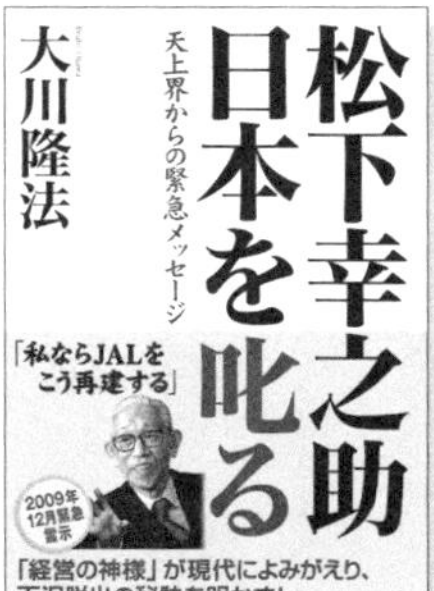

天上界の松下幸之助が語る「日本再生の秘策」。国難によって沈みゆく現代日本を、政治、経済、経営面から救う待望の書。

1,300円

※表示価格は本体価格（税別）です。

大川隆法ベストセラーズ・混迷を打ち破る「未来ビジョン」

幸福実現党宣言

この国の未来をデザインする

政治と宗教の真なる関係、「日本国憲法」を改正すべき理由など、日本が世界を牽引するために必要な、国家運営のあるべき姿を指し示す。

1,600円

政治の理想について

幸福実現党宣言②

幸福実現党の立党理念、政治の最高の理想、三億人国家構想、交通革命への提言など、この国と世界の未来を語る。

1,800円

政治に勇気を

幸福実現党宣言③

霊査によって明かされる「金正日の野望」とは？ 気概のない政治家に活を入れる一書。孔明の霊言も収録。

1,600円

新・日本国憲法試案

幸福実現党宣言④

大統領制の導入、防衛軍の創設、公務員への能力制導入など、日本の未来を切り開く「新しい憲法」を提示する。

1,200円

夢のある国へ――幸福維新

幸福実現党宣言⑤

日本をもう一度、高度成長に導く政策、アジアに平和と繁栄をもたらす指針など、希望の未来への道筋を示す。

1,600円

大川隆法最新刊・神秘の扉を開く

世界紛争の真実

ミカエルvs.ムハンマド

米国(キリスト教)を援護するミカエルと、イスラム教開祖ムハンマドの霊言が、両文明衝突の真相を明かす。人類の対立を乗り越えるための必読の書。

1,400円

エクソシスト入門

実録・悪魔との対話

悪霊を撃退するための心構えが説かれた悪魔祓《ばら》い入門書。宗教がなぜ必要なのか、その答えがここにある。

1,400円

「宇宙の法」入門

宇宙人とUFOの真実

あの世で、宇宙にかかわる仕事をされている6人の霊人が語る、驚愕の事実。宇宙人の真実の姿、そして、宇宙から見た「地球の使命」が明かされる。

1,200円

※表示価格は本体価格(税別)です。

大川隆法 最新刊・希望の未来を創造する

危機に立つ日本

国難打破から未来創造へ

2009年「政権交代」が及ぼす国難の正体と、現政権の根本にある思想的な誤りを克明に描き出す。未来のための警鐘を鳴らし、希望への道筋を掲げた一書。

第1章 国難選挙と逆転思考
第2章 危機の中の経営
第3章 危機に立つ日本
第4章 日本沈没を防ぐために
第5章 世を照らす光となれ

1,400円

創造の法

常識を破壊し、新時代を拓く

斬新なアイデアを得る秘訣、究極のインスピレーション獲得法など、仕事や人生の付加価値を高める実践法が満載。業績不振、不況など難局を打開するヒントがここに。

第1章 創造的に生きよう
第2章 アイデアと仕事について
第3章 クリエイティブに生きる
第4章 インスピレーションと自助努力
第5章 新文明の潮流は止まらない

1,800円

幸福の科学出版